Alexander Herzog

Entwickeln einer Anforderungsanalysemethodik anhand eines Projektportfoliomanagementsystems

GRIN Verlag

Bibliografische Information der Deutschen Nationalbibliothek:

Die Deutsche Bibliothek verzeichnet diese Publikation in der Deutschen National-
bibliografie; detaillierte bibliografische Daten sind im Internet über http://dnb.d-
nb.de/ abrufbar.

Impressum:

Copyright © 2007 GRIN Verlag, Open Publishing GmbH
Druck und Bindung: Books on Demand GmbH, Norderstedt Germany
ISBN: 978-3-656-92637-5

Dieses Buch bei GRIN:

http://www.grin.com/de/e-book/135430/entwickeln-einer-anforderungsanalyseme-
thodik-anhand-eines-projektportfoliomanagementsystems

GRIN - Your knowledge has value

Der GRIN Verlag publiziert seit 1998 wissenschaftliche Arbeiten von Studenten, Hochschullehrern und anderen Akademikern als eBook und gedrucktes Buch. Die Verlagswebsite www.grin.com ist die ideale Plattform zur Veröffentlichung von Hausarbeiten, Abschlussarbeiten, wissenschaftlichen Aufsätzen, Dissertationen und Fachbüchern.

Besuchen Sie uns im Internet:

http://www.grin.com/

http://www.facebook.com/grincom

http://www.twitter.com/grin_com

BACHELORARBEIT

Entwickeln einer Anforderungsanalysemethodik anhand eines Projektportfoliomanagementsystems

ausgeführt am

FACHHOCHSCHULE DER WIRTSCHAFT

Studiengang
Informationstechnologien und IT-Marketing

Von: Ing. Alexander Herzog

Graz, am 29. Januar 2008

Ehrenwörtliche Erklärung

Ich erkläre ehrenwörtlich, dass ich die vorliegende Arbeit selbstständig und ohne fremde Hilfe verfasst, andere als die angegebenen Quellen nicht benützt und die benutzten Quellen wörtlich zitiert sowie inhaltlich entnommene Stellen als solche kenntlich gemacht habe.

....
Unterschrift

Kurzfassung

Diese Arbeit analysiert den Prozess der Anforderungsanalyse und geht dabei auf die Probleme ein, die entstehen können, wenn der Prozess nicht vollständig und korrekt durchgeführt wird. Das Dokumentieren und Festlegen von Prozessen ist im Zuge des Business Systems Engineering vorgesehen. Daher beginnen die theoretischen Grundlagen mit diesem Thema. Danach werden die nötigen Schritte eines effizienten Analyseprozesses diskutiert. Der erstellte Prozess wird anhand eines Projektportfoliomanagementsystems veranschaulicht. Daher bildet PPM das Ende des theoretischen Teiles. Die Schlussfolgerungen behandeln Probleme die für schlecht ausgeführtes Requirements Engineering verantwortlich gemacht werden können.

Abstract

The purpose of this thesis is to analyse the process of requirements engineering and to detail the problems that may arise if the process is not carried out properly. The documentation of a process is done as part of business systems engineering (BSE). The basic theory of BSE is being discussed at the beginning of the thesis. Next, the main steps needed for an efficient requirements engineering process are analysed. The application of this process will be demonstrated on the analysis of a project portfolio management system. PPM rounds up the theoretical part. The process which was developed is then carried out to state the requirements for a PPM system. The conclusion elaborates on problems that can be caused due to badly performed requirements engineering.

Inhaltsverzeichnis

1 Einleitung

„Aus kleinem Anfang entspringen alle Dinge."

— Marcus Tullius Cicero

Dieses Kapitel führt in die Problemstellung dieser Arbeit ein. Die Anforderungsanalyse und das weiter gefasste *Requirements Engineering* ist der erste und auf keinen Fall zu vernachlässigende Schritt in einem Projekt. Ohne genaue Informationen darüber was geschehen soll, kann man den Verlauf der Produktherstellung nicht verwalten. Im dieser ersten Phase kommt auch *Projektportfoliomanagement* (PPM) ins Spiel. Das *Maturity Level 1*[1] des PPM dient vorwiegend der Projektidentifikation. Ist ein genaues Missionstatement definiert lassen sich hier Redundanzen aufdecken.

1.1 Ausgangssituation

In kleinen Softwarebetrieben kommt es immer wieder vor, dass neue Mitarbeiter (auch ohne Berufserfahrung), auf Grund des Ressourcenmangels, kurz nach ihrem Eintritt, eigene Projekte mehr oder minder alleine bearbeiten müssen. Die ersten Projekte können die Mitarbeiter dabei jedoch zermürben da noch keine Einsicht in diese Materie vorhanden ist. Aus diesem Grund sollte in jeder Firma ein einfach anzuwendendes Vorgehen dokumentiert sein, welches angewendet werden kann um größere Schwierigkeiten zu vermeiden. Dies kann jedoch nur funktionieren wenn der Prozess durchgehend dokumentiert ist und dabei unterstützend aus einem Pool von bereits abgeschlossenen und aktiven Projekten Synergien gezogen werden können. Die Herausforderung ist, dass dies in KMU wegen des geringen Mitarbeiterstandes oft vernachlässigt wird und in großen Unternehmen wegen zu hoher Komplexität keinen Anklang findet. Zusätzlich kommt der Zeitdruck, welcher schnelle Resultate erzwingt und die Dokumentation oft Außen vorlässt (diese wird dann kaum mehr bzw. nicht mehr in der gewünschten Qualität nachgeholt). Durch schlechte Ziel- und Anforderungsformulierungen wird wegen Fehlentscheidungen dieser Zeitdruck noch verstärkt.

---

[1]Siehe dazu Abschnitt 2.3

1.2 Aufgabenstellung

Die primäre Aufgabenstellung dieser Arbeit besteht im bestimmen des Nutzens von *Requirements Engineering* am Beginn eines Projektes. Dafür soll ein korrekt durchgeführter Analyseprozess beschrieben werden. Zusätzlich soll der Analyseprozess an einem verbunden Thema, dem *Projektportfoliomanagement*, angewandt werden. Dazu muss eine Einführung in das Projektportfoliomanagement behandelt werden.

1.3 Zielsetzung der Arbeit

Diese Arbeit behandelt die nötigsten Schritte im Bezug auf die Erhebung von Anforderungen. Dabei werden keine Fragetechniken oder Ratschläge für Workshops erläutert, sondern Hinweise für die Notwendigkeit eines Glossars und der Verifizierung durch den Kunden. Dabei wird Grundlagenforschung für *Requierements Engineering* und *Projektportfoliomanagement* betrieben.
Nicht behandelt wird die Erstellung eines neuen Anforderungsanalysemodells, stattdessen wird sich der Prozess an bestehende Systeme anlehnen.
Die Thematik der Geschäftsprozessdokumentationen wird in dieser Arbeit nur angeschnitten und kann daher auch nicht als Unterlage für die Einführung einer solchen dienen.

1.4 Vorgehen und Methodik

Zu Beginn wird geeignete Literatur über praxisbezogenes *Requirements Engineering* sowie theoretische Grundlagen des *Business Systems Engineering* und *Projektportfoliomanagement* gesichtet, bewertet und kategorisiert.
Dies Grundlagen werden zu einem durchgängigen Theorieteil verbunden, welcher danach an einem kleinen Beispiel bis zu einem gewissen Grad erprobt werden.
Aus der Anwendung werden folgend Schlüsse für die Anforderungsanalyse gezogen.

1.5 Aufbau der Arbeit

Diese Arbeit beginnt mit der abstrakten Ebene des Business Prozess Engineerings, wendet sich dann spezifischern Informationen und der Umsetzung dieser zu und wird dann wieder auf einen höheren Abstraktionslevel gehoben.

Dies geschieht, indem in den theoretischen Grundlagen des Kapitels 2, zuerst die höhere Sicht auf Arbeiten beschrieben wird. Das Stichwort hier ist *Buiness Systems Engineering*. Danach folgt ein Einblick in das *Requirements Engineering*. Hierzu wird das Wissen um Business Systems Engineering angewandt, um einen Anforderungsanalyseprozess zu beschreiben. Da Prozesse abstrakt sind, wird er an der Anforderungsanalyse an ein Projektportfoliomanagementsystem angewandt. Dies geschieht aufgrund des Umfanges, in diesem Fall nur bis zum Grobkonzept.[2] Damit die Anforderungen klarer verständlich sind, bildet den Abschluss von Kapitel 2, eine Einführung in das *Projektportfoliomanagement*.

In Kapitel 3 wird der, in den theoretischen Grundlagen festgehaltene Prozess, am Beispiel Projektportfoliomanagementsystem angewandt.

Im schließenden Kapitel 4 werden die Probleme der Anforderungsanalyse beschrieben und Fragen für die weitere Vorgehensweise aufgetan.

---

[2]Näheres dazu in Abschnitt 2.2.4

2 Theoretische Grundlagen

„Es ist alles sehr kompliziert."

— Fred Sinowatz

Dieses Kapitel dient der Übersicht und dem grundlegenden Verständnis der Themenbereiche dieser Arbeit. Den Anfang bildet ein kurzer Einblick in das Business Systems Engineering (BSE) und Vorgehensmodelle um zu verstehen, warum Prozesse überhaupt definiert werden. Danach folgen die Grundlagen des Requirements Engineering (RE, Anforderungsanalyse). Der wirtschaftliche Nutzen sowie ein grober Überblick über die einzelnen Schritte sind die Hauptthemen dieses Abschnittes. Den Schluss dieses Kapitels stellen die Basiselemente des Projekt Portfolio Management (PPM) und dessen Zweck dar.

2.1 Business Systems Engineering und Vorgehensmodelle

„Am Anfang war der Prozess". So, oder so ähnlich hätte Johannes 1,1ff in der Bibel auch lauten können. Ein Prozesse war laut Duden ein *„sich über eine gewisse Zeit erstreckender Vorgang, bei dem etwas (allmählich) entsteht, sich herausbildet"*[3]. Heute nutzt man Definitionen wie jene des Institute for Total Quality Management deren Prozesse *"[eine] Folge von Tätigkeiten, die Wertschöpfung erbringt, indem sie aus einer Input- Vielfalt den verlangten Output erzeugt"*[4] sind.

Somit kann man sagen, dass jede Abfolge von Tätigkeiten einen Prozess darstellt ob man sich dessen bewusst ist oder nicht bzw. ob der Output so und in diesem Ausmaß gewünscht war oder nicht sei dahingestellt.

Business Systems Engineering befasst sich mit den Wechselwirkungen zwischen Strategie und IT. Diese werden als Prozess erfasst und dokumentiert.

---

[3]DUDEN: *DUDEN: Deutsches Universalwörterbuch*; 1989, S. 1190f [9]
[4]ITQM: *ITQM-Glossar*; 2007 [12]

In diesem Kontext fällt auch der Begriff *Business Process Reengineering*. BPR ist ein Konzept das seit Anfang der 90er stark im Kommen ist. Geprägt wurde es von *Michael Hammer* und *James Champy*. Das Ziel ist die radikale und rasche Veränderung der Geschäftsprozesse. Dabei wird das gesamte Unternehmen betrachtet um nicht Gefahr zu laufen, unnötige Abläufe zu optimieren. Alle Prozesse werden von Grund auf neu gestaltet um eine hohe Kostenreduktion (ca 70%) zu erzielen. Das große Risiko dabei ist eine starke Einbuße im Ergebnis.[5]

In dieser Arbeit wird der Prozess der Anforderungsanalyse als Teil des Softwareentwicklungsprozesses neu definiert. Das Vorgehensmodell des Softwareentwicklungsprozesses ist für diese Arbeit nicht weiter von Bedeutung, da in jedem gängigen Modell die Anforderungsanalyse den Grundstein der Entwicklung liefert, obwohl die Modelle an sich natürlich stark differieren. Dies gilt auch für die immer stärker vertretenen agilen Prozessen wie deren Vorreiter das XP-Modell.[6] (siehe Abbildung 2.1)

Natürliche Sprache ist die einfachste Art der Beschreibung von Prozessen. In dieser Arbeit wird zusätzlich die *Business Process Modelling Notation* verwendet.[7] Mehr dazu später unter Abschnitt 2.2.4 und Kapitel 4.

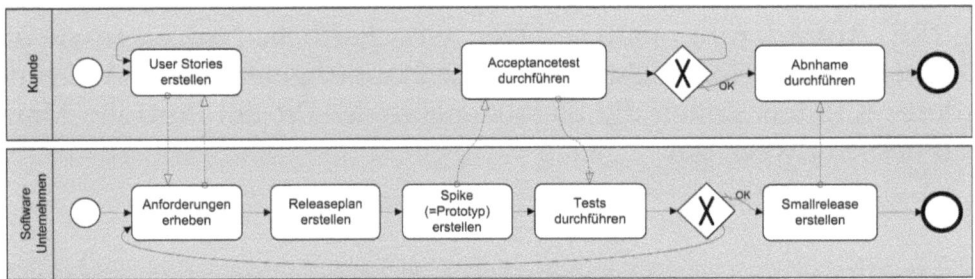

Abbildung 2.1: Extreme programming business process (BPMN)
Quelle: vgl. WELLS: *XP Flow chart; 2000 [21]*

Vor allem in KMUs kommt es vor, dass kein Vorgehensmodel bewusst gelebt wird. Erfahrene Softwareentwickler wenden jedoch immer ein Modell an. Dieses entsteht meistens durch Rückschläge bei vorausgegangen Projekten. Das Problem dabei ist, dass individuell ausgelegte Prozesse erhöhte Prozesskosten nach sich ziehen. Das liegt an den Reibungs- und Wissensverlusten bei Zu- oder Abgängen. Kurzzeitig ist man der Meinung, einen Wettbewerbsvorteil zu erzielen wenn man kein Vorgehensmodell nutzt, jedoch sprechen Studien wie The CHAOS Report 1994 von *The Standish Group International, Inc.* gegen eine solche Entscheidung.[8] [9] Dies nahmen sich auch

---

[5]vgl. BALANCED SCORECARD INSTITUTE: *Definitions of Terms*; 2007 [1]

[6]Im XP-Modell greift man gerne auf einen *On-Site-Customer* zurück. User Stories entsprechen hier den Interviewprotokollen bzw. Use Cases in anderen Vorgehensmodellen — vgl. RUPP: *Requirements-Engineering und -Management*; 2007, S. 55 [17] ; vgl. RUMPE: *Extreme Programming-Back to Basics?*; 2001 [16]

[7]vgl. OBJECT MANAGEMENT GROUP: *Business Process Modeling Notation Specification*; 2006 [13]

[8]vgl. THE STANDISH GROUP INTERNATIONAL, INC.: *The CHAOS Report 1994*; 1994 [19]

[9]vgl. BERGSMANN: „Vorgehensmodelle"; 2003 [3]

zahlreiche Unternehmen zu herzen, da sich die Anzahl der gescheiterten Projekte in den letzen Jahren verringert hat.[10]

2.2 Requirements Engineering

Fortwährend werden Anforderungen an unterschiedliche Systeme gestellt. Ein System muss aber nicht zwingend ein Softwareprodukt sein. Bei dem einfachen Beispiel einer Einkaufsliste lässt sich das Problem von Anforderungen gut verdeutlichen: Wird man gebeten Streichkäse einzukaufen merkt man spätestens im Geschäft wenn man vor dem Regal steht, dass diese Anforderung nicht genau genug spezifiziert wurde.[11]

An diesem Beispiel erkennt man die größten Probleme des Requirements Engineering, nämlich die fehlende Erfahrung mit dem Themengebiet, schlechte Kommunikation und die daraus resultierenden Anforderungsänderungen.

Aus Zeit- und Kostengründen bestehen die meisten Anforderungsanalysen aus einem kleinen Interview mit einem Kunden. Dass dabei vergangenheitsorientiert und punktuell vorgegangen wird ist weder dem Kunden noch dem Analytiker bewusst.[12] Dabei werden meist eine der zwei folgenden Praktiken angewandt:[13]

Romantische Prosa Abstrakt beschriebene, vage Formulierungen stellen mit vielen Worten keine oder sehr weit interpretierbare Anforderungen dar.

Technischer Exzess Anforderungen werden sofort, ohne die Möglichkeit von Fehlinterpretationen, mit Hilfe von Tabellen und Modellen, von Technikern, für Techniker niedergeschrieben und können vom Fachanwender nicht mehr nachvollzogen werden (siehe Tabelle 2.1).

2.2.1 Definition

Rupp (2007) liefert folgende Definitionen für Anforderungen und Requirements Engineering:[14]

Requirements Engineering befasst sich mit dem systematischen Erheben, Dokumentieren, Prüfen und Verwalten von Anforderungen

---

[10]vgl. THE STANDISH GROUP INTERNATIONAL, INC.: *The CHAOS Report 2006*; unpublished [20] ; Zitiert in: vgl. RUBINSTEIN: „Standish Group Report: There's Less Development Chaos Today"; 2007 [15]

[11]vgl. RUPP: *Requirements-Engineering und -Management*; 2007, S. 12 [17]

[12]vgl. BERGSMANN: „Requirements-Engineering"; 2003 [2]

[13]vgl. RUPP: *Requirements-Engineering und -Management*; 2007, S. 15 [17]

[14]RUPP: *Requirements-Engineering und -Management*; 2007, S. 13f [17]

Anforderung *„Eine Anforderung ist eine Aussage über eine Eigenschaft oder Leistung eines Produktes, eines Prozesses oder der am Prozess beteiligten Personen"*

Folgende Begriffe werden im nachfolgenden Text öfter auftreten und werden hier daher beschrieben:

Stakeholder Sind alle am Erfolg des Projekts interessierten Projektteilnehmer. Dies inkludiert zwar auch die Entwickler, jedoch wird darunter eher ein Fachanwender oder ein Entscheidungsträger auf Kundenseite verstanden[15]

System Besteht aus mehreren in Beziehung stehenden Teilen und bezeichnet die Problemstellung oder auch dessen Lösung

Anforderungen werden erhoben um ein System erstellen zu können. Es soll den Menschen bei der Informationsverarbeitung unterstützen. Damit dies geschehen kann, muss der Verarbeitungsprozess möglichst genau und der Realität entsprechend beschrieben werden.[16]

Anforderung ist aber nicht gleich Anforderung. Die erste Gruppe stellen *funktionelle Anforderungen* dar. Sie beschreiben, was das System leisten soll. Daneben gibt es die Gruppe der *nicht funktionalen Anforderungen*, die beschreiben welche Eigenschaften die funktionalen Anforderungen aufweisen müssen. Eine Liste von diesen Eigenschaften liefert unter anderem das *Volere Template*:[17]

- Look and Feel
- Benutzbarkeitsanforderungen
- Performance / Durchsatz / Kapazität / Sicherheit
- Operationale Anforderungen
- Wartungs- und Portierungsanforderungen
- Zugriffsschutzanforderungen
- Kulturelle und politische Anforderungen
- Rechtliche Anforderungen

Jede einzelne Anforderung muss dabei folgenden Qualitätskriterien entsprechen[18]:

- Vollständig
- Korrekt

---

[15]vgl. RUPP: *Requirements-Engineering und -Management*; 2007, S. 544 [17]
[16]vgl. SCHARBERT: *Requirements Analysis realisieren*; 2005, S. 34 [18]
[17]vgl. ROBERTSON UND ROBERTSON: *Volere Requirements Specification Template*; 2006, S. 4 [14]
[18]vgl. IEEE: *IEEE 830*; 1998 [11] ; Zitiert in: vgl. RUPP: *Requirements-Engineering und -Management*; 2007, S. 27 [17]

- Klassifizierbar
- Konsistent
- Prüfbar
- Eindeutig
- Verstehbar
- Gültig und aktuell
- Realisierbar
- Notwendig
- Verfolgbar
- Bewertet

Ein Beispiel für korrekte, vollständige und prüfbare Anforderungen ringt Scharbert:[19]
Ein Rabattsystem beschreibt das Entgelt abhängig von der Stückanzahl x. Bei x < 10#,
entspricht das Entgelt 10 €/#. X < 25 kosten 8 €/# und x>25 kosten 6€/#. Dies ist die
Aussage des Fachanwenders.
Rein aus dieser Angabe würde hervorgehen, dass -1# +/-10€ kosten würde und dass
für 25# kein Endgeld verlangt wird.
Das sind Extreme, die der Hausverstand nicht durchgehen lässt. Jedoch ist die Frage,
ob nun 10# wirklich mehr kosten dürfen als 12# oder ob Intervalle herangezogen werden ist nicht definiert. Diese Anforderung entspricht also nicht den Qualitätskriterien
einer Anforderung.

2.2.2 Zahlen und Fakten

Es gibt sehr viele Studien, welche die Notwendigkeit von Requirements Engineering
bestätigen. Die bekannteste ist wohl *The CHAOS Report 1994* von The Standish Group
International, Inc.:[20]

- 16,2% Erfolg
- 52,7% Misserfolg
- 31,1% Abbruch
- 53% Budgetüberschreitung um mehr als 50%
- 4,4% Budgetüberschreitung um mehr als 400%

Ein Projekt gilt hier als erfolgreich wenn es in der geforderten Zeit, mit dem gegebe-
nen Budget in der gewünschten Qualität erstellt wurde.

---

[19]vgl. SCHARBERT: *Requirements Analysis realisieren*; 2005, S. 53 [18]
[20]vgl. THE STANDISH GROUP INTERNATIONAL, INC.: *The CHAOS Report 1994*; 1994 [19] ; Zitiert in:
    vgl. BERGSMANN: *Requirements Engineering: Die Wiege des Projekt-(Miss)-Erfolges*; 2003 [4]

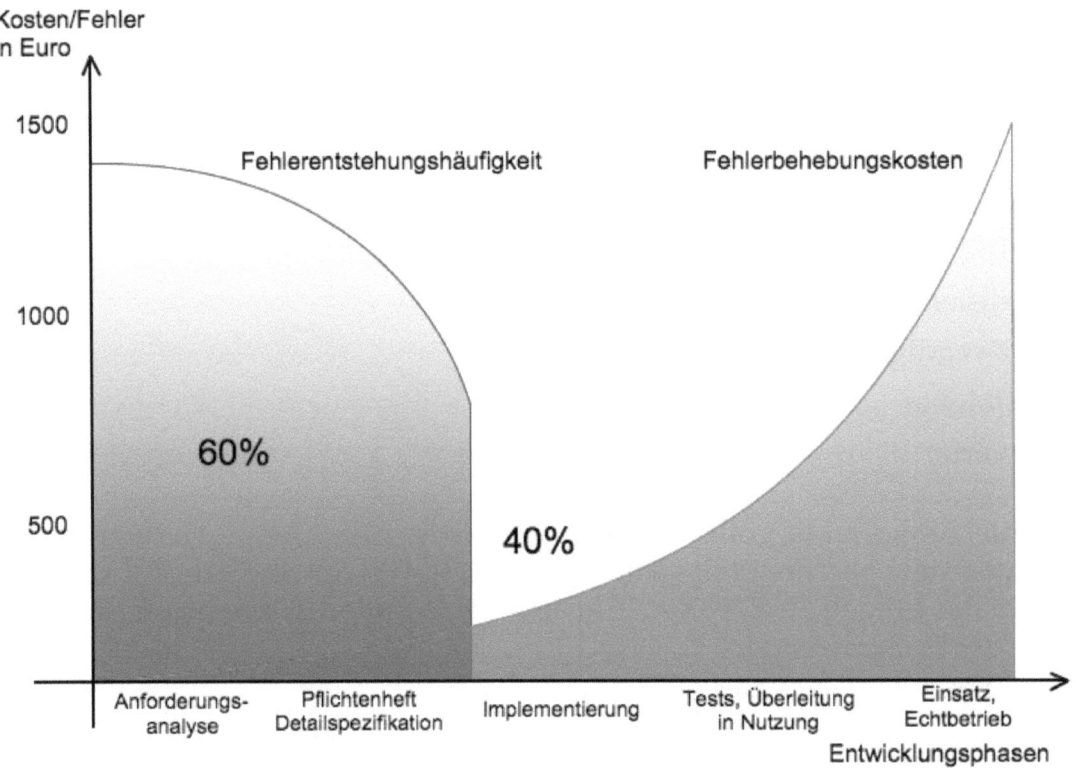

Abbildung 2.2: Fehlerbehebungskosten
         Quelle: vgl. BERGSMANN*: „Requirements-Engineering"; 2003 [2]*

In diesem Zusammenhang kann auf den Begriff *Frontloading* verwiesen werden. Meist scheitern diese Projekte weil zu wenig Arbeit in die Anforderungsanalyse zu Beginn des Projekt (oder Projektabschnittes) gesteckt wird und sich der Gesamtaufwand dann vergrößert. Dabei sollten folgende Punkte beachtet werden, wenn das Budget und die Terminpläne bereits gesetzt wurden ohne die Anforderungen zu kennen: [21]

- Sind 20% des Gesamtaufwandes für die Analyse verbraucht wird die Analyse gestoppt
- Da man nicht einfach halbfertige Anforderungen niederschreiben kann, werden weitere 10% für die Fertigstellung benutzt
- Hier werden keine weiteren Anforderungen aufgenommen

Wird Requirements Engineering betrieben, werden Fehler weitestgehend vermieden (diese Entstehen zu 60% während der Analysephase), was wiederum zu Kostenminimierung beiträgt (siehe Abbildung 2.2).

---

[21]vgl. SCHARBERT: *Requirements Analysis realisieren*; 2005, S 26 [18]

Requirements Engineering ist, wie bei der Definition (siehe 2.2.1) erwähnt, mehr als
nur das Erheben von Anforderungen. Viel mehr ist es das Verwalten und Verifizieren
dieser. Dabei kann man sich die Abbildung 2.3 vor Augen halten, da diese die Elemente und deren Basis, von den Anforderungen bis hin zum Projekterfolg darstellt.

Abbildung 2.3: Erfolgsbasis
Quelle: vgl. SCHARBERT: *Requirements Analysis realisieren; 2005, S. 47 [18]*

2.2.3 Der Analytiker und seine Probleme

In KMU wird der Analytikerberuf meist nicht besetzt und der Softwareentwickler
übernimmt diese Aufgaben. Dabei sind diese beiden Aufgaben von unterschiedlicher Natur. Beide benötigen zwar als ihr Hauptwerkzeug ihren Kopf, arbeiten jedoch
an unterschiedlichen Zielen und den damit verbunden Vokabularien. Der Softwareentwickler arbeitet auf einer technisch abstrakten Schicht, wobei sich der Analytiker
auf der Ebene der Geschäftsprozesse bewegt und dabei sprachlich immer auf der Seite der Fachanwender bleibt. Hauptarbeit des Analytikers ist Zuhören, Hinterfragen,
Verstehen, Strukturieren sowie das Dokumentieren. Dabei stellt er das Bindeglied
zwischen den Entwicklern und den restlichen Stakeholdern dar.

Stakeholder sind alle am Projekt beteiligten Personen wie zum Beispiel der Vertrieb,
Controlling, Gesetzgeber und am Wichtigsten der Endanwender.[22]

Im Zuge seiner Tätigkeit erstellt der Analytiker zuerst eine grobe Sicht auf das zu entwickelnde System. Diese Top-Down Methode spiegelt auch das Konzept des *Systems*

---

[22]vgl. RUPP: *Requirements-Engineering und -Management*; 2007, S. 93 [17]

Engineering[23] wieder. Wenn Prozessdetails ausgearbeitet werden, werden auch deren Schnittstellen definiert. Ändert man nun den Prozess, kann es vorkommen, dass diese Schnittstellen mitgeändert werden müssen und die damit verbunden Prozesse ebenfalls neu definiert werden müssen.[24] Dies passiert natürlich immer im Laufe des Projektes, da sich ein kleiner, aber nicht vernachlässigbarer Teil der Anforderungen immer ändern wird. Daher beinhalten gängige Vorgehensmodelle auch einen Mechanismus um diese Änderungen einzuarbeiten[25]. Jedoch kann man diesen Anteil der Änderungen mit einer groben Sicht früher ausfindig machen und daher minimieren.

Die Hauptprobleme bei Softwareprojekten und der Anforderungsanalyse sind nach Rupp folgende:[26]

- Unklare Zielvorstellungen
- Hohe Komplexität
- Sprachbarrieren
- Veränderliche Anforderungen
- Schlechte Qualität
- Unnötige Merkmale
- Ungenaue Planung

Diese Arbeit fokussiert sich vorwiegend auf die ersten drei Probleme. Daraus lässt sich ableiten, dass der Analytiker ein Sprachtalent ist. Der Analytiker muss sich mit dem Fachanwender verständigen und diese Informationen für die Designer und Entwickler leicht verständlich Aufbereiten können. Dabei muss der Analytiker auf die speziellen Eigenschaften dieser beiden Gruppen Rücksicht nehmen (siehe Tabelle 2.1). Daher ist es von Vorteil wenn der Analytiker Software entwickeln kann.

Die korrekte Formulierung von Anforderungen spielt eine große Rolle für das Verständnis und die richtige Auslegung der geforderten Funktionalität. Trotzdem sollte man nicht die wesentlichen Aspekte der Analyse außer Acht lassen und das ist korrekte Anforderungen zu erstellen (siehe Qualitätskriterien unter 2.2.1). Ein Beispiel hierfür wäre die richtige Formulierung der Aussage: „sieben und fünf *sind* oder *ist* dreizehn". [27] [28]

The Sophist Group liefert für diese sprachlichen Probleme das *SOPHIST-REgelwerk*[29]. Es befasst sich mit den Sprachverwirrungen die durch unterschiedliche Erfahrungen

---

[23]vgl. HABERFELLNER U. A.: *Systems Engineering: Methodik und Praxis*; 1992 [10]

[24]vgl. SCHARBERT: *Requirements Analysis realisieren*; 2005, S 59f [18]

[25]2% der Anforderungen ändern sich jedes Monat (vgl. RUPP: *Requirements-Engineering und -Management*; 2007, S. 47 [17])

[26]RUPP: *Requirements-Engineering und -Management*; 2007, S. 25 [17]

[27]SCHARBERT: *Requirements Analysis realisieren*; 2005, S. 202 [18]

[28]Bei mathematischen Ausdrücken heisst es laut DUDEN immer *ist*. Jedoch ist sieben und fünf zwölf und nicht dreizehn.

[29]vgl. RUPP: *Requirements-Engineering und -Management*; 2007, S. 140ff [17]

	Fachanwender	Informatiker
Prozesssicht	Kann sich Prozesse schlecht vorstellen, erklären sondern eher reproduzieren	Denkt in Regeln, Prozessen und Algorithmen
Daten	Versteht Daten, denkt in diesen und Beispielen. Korrektheit einzelner Daten sind relevant	Denkt in Datenstrukturen. Einzelne Beispiele sind von geringer Bedeutung. Die Wichtigkeit einzelner Daten werden nicht beurteilt

Tabelle 2.1: Eigenschaften von Facharbeiter und Software Entwicklern
Quelle: vgl. SCHARBERT: Requirements Analysis realisieren; 2005, S. 58 [18]

und Umfelder der Stakeholder entstehen und liefert eine Schablone (siehe Abbildung 2.4) mit der eine Anforderung niedergeschrieben werden soll.

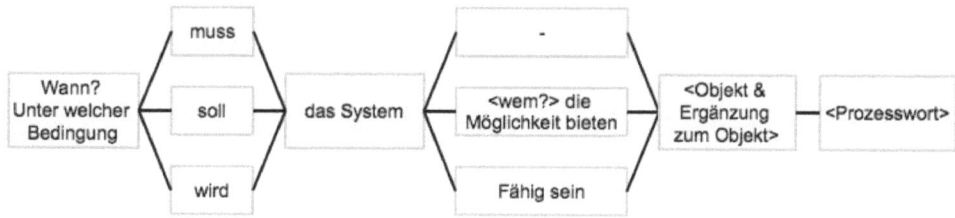

Abbildung 2.4: Anforderungsschablone
Quelle: RUPP: Requirements-Engineering und -Management; 2007, S. 234 [17]

Diese Schablone ist natürlich nicht für jeden Fall einsetzbar, lenkt den Stakeholder aber in die richtige Denkrichtung um möglichst alle benötigten Informationen bereitzustellen.

Für diese Arbeit wird davon ausgegangen, dass die Stakeholder nicht bewusst Informationen zurückhalten und dem Entwicklungsprozess offen gegenüberstehen, obwohl dies leider kein ungewöhnliches Problem darstellt. In solchen Fällen sind die Analytiker leider machtlos und müssen sich das Wissen um den zu unterstützenden Prozess meist selbst aneignen.

Ist die Zusammenarbeit mit dem Fachanwender nicht fruchtend, kann dies folgende Ursachen haben:[30]

Fehlende Festlegung Vage Aussagen müssen dem Fachanwender klar gemacht werden und durch konkrete Aussagen ersetzt werden

---

[30]vgl. SCHARBERT: *Requirements Analysis realisieren*; 2005, S 60ff [18]

Hohe Abstraktheit Stakeholder ist *nur* der Vorgesetzte und kennt den internen Prozessablauf zu wenig bzw. der Prozess existiert noch nicht

Interessenskonflikte Persönliches Interesse (z.B. Verlust von Aufgaben) blockieren den Fortschritt bzw. können politischer Natur sein

Desinteresse Fachanwender gehen davon aus das der Entwickler weiß, was er will!

Ungenauigkeit Widersprüchliche und lückenhafte Anforderungen werden bereitgestellt oder es werden Informationen zurückgehalten.

Dies kann soweit führen, dass ein Eskalationsweg[31] gewählt werden muss und die Fachanwender oder Analytiker ausgetauscht werden.

2.2.4 Der Weg zum Anforderungsdokument

Bevor ein Analytiker überhaupt benötigt wird um die Kluft zwischen Fachanwender und Softwareentwickler zu füllen muss eine Idee geboren werden. Ist dies geschehen, kann der Analytiker bereits helfen die Idee über eine Vision in ein Missionstatement zu führen. (siehe Abbildung 2.5)

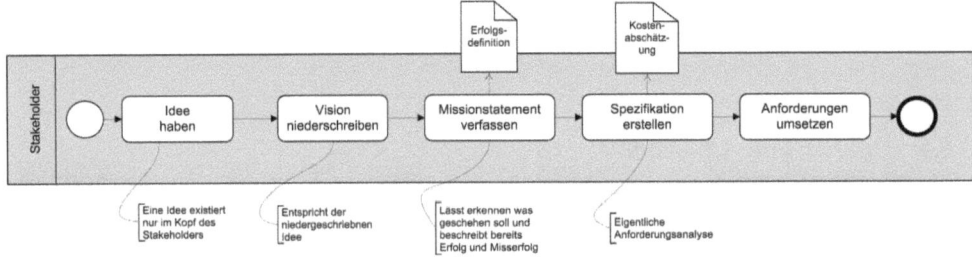

Abbildung 2.5: Von der Idee zur Realisierung
Quelle: vgl. SCHARBERT: Requirements Analysis realisieren; 2005, S. 10 [18]

Mit dem Beginn der Erfolgsdefinition zu Projektbeginn ist gewährleistet, dass Messwerte gefunden werden. Ist keine Zieldefinition vorhanden kann die Qualitätssicherung keine Aussage über den Erfolg machen. Dies wird oft vernachlässigt da man sich nicht gerne einen Misserfolg nachweisen lässt. Jedoch geht es hier um die Qualitätssicherung und nicht darum einen Schuldigen zu finden.[32]

Ziele sollten dabei folgenden Qualitätskriterien entsprechen:[33]

- Lösungsneutral (Was muss gelöst werden? Nicht wie!)

---

[31] Eskalationswege beschreiben die Entscheidungshierarchie bei unlösbaren Konflikten Aufgrund von gleichen Ebene der Mitarbeiter oder bei Misstrauen gegenüber der Loyalität des Vorgesetzten

[32] vgl. SCHARBERT: *Requirements Analysis realisieren*; 2005, S. 10 [18]

[33] vgl. HABERFELLNER U. A.: *Systems Engineering: Methodik und Praxis*; 1992, S. 51 [10]

- Vollständig

- Möglichst präzise und verständlich

- Realistisch (Die gegebene Situation muss berücksichtigt werden)

Das Missionstatement beschreibt also grob das Projekt. Somit kann begonnen werden weitere Stakeholder zu identifizieren. Wie unter 2.2.3 beschrieben sind dies nicht nur höhere Instanzen. Vor allem Endanwender sollten bei bekannten Prozessen angesprochen werden, da diese am Ende mit dem erstellten System arbeiten sollen. Geht es um einen neuen, zu unterstützenden Prozess, dürfen die Endanwender natürlich auch nicht fehlen, da sie so ins Projekt integriert werden und sich somit die Akzeptanz beim Anwender erhöht.

Im Laufe des Projektes werden immer wieder neue Stakeholder mit der Arbeit in Berührung kommen. Es ist daher wichtig, alle Stakeholder schriftlich mit ihrer Position und Kontaktdaten festzuhalten. Dies kann über eine Kartei, ein elektronisches Adressbuch oder andere datenbankähnliche Systeme geschehen. Es empfiehlt sich, alle Stakeholder wenigstens im Draft des Anforderungsdokumentes festzuhalten und auf deren Aussagen bei den einzelnen *User Stories*[34] zu referenzieren.

Sind alle Stakeholder identifiziert, kontaktiert und schriftlich festgehalten, kann damit begonnen werden, die zu unterstützenden Prozesse darzustellen. Jedoch sollten zuvor ein paar grundlegende Regeln besprochen werden:[35]

- Jeder Wunsch kann erfüllt werden! Die Frage ist aber zu welchem Preis?

- Jeder Wunsch kann erfüllt werden! Die Entwickler bestimmen aber wie lange es dauern wird.

- Realisiert wird nur, was schriftlich festgehalten wurde:

  - Nach Produktlieferung ist es irrelevant ob jemand *angenommen* hat, dass etwas implementiert wird

  - Wurde etwas anders realisiert als man es sich vorgestellt hat, ist dies auch irrelevant

  - Tests und Abnahme erfolgen ausschließlich gegen das Anforderungsdokument (oder dessen Derivate)

- Größere Änderungen (ob sie groß sind, entscheiden die Entwickler) *nach* der Spezifikationsphase können nur als Zusätze für spätere Versionen oder als Change Requests realisert werden

- Kostenabschätzungen sind erst nach der Spezifikation möglich (unverbindliche Abschätzungen durch die Entwickler sind natürlich möglich)

---

[34]In dieser Arbeit wird der Begriff *User Stories* aus dem *eXtrme Programming* dem Begriff *Use Case* aus der UML bevorzugt da er die Handhabung der Benutzerangaben besser beschreibt
[35]vgl. SCHARBERT: *Requirements Analysis realisieren*; 2005, S. 75 [18]

- Fachanwender sind genauso an einen strikten Zeitplan gebunden! Verzögerungen müssen vom Verursacher eingearbeitet werden, oder der Liefertermin wird verlegt oder Pönalen treten in kraft.

- Gemachte, schriftlich festgehaltene Zusagen müssen auch eingehalten werden

Diese Regeln klingen zwar eher danach, dass der Kunde ein unnötiges Hindernis bei der Erstellung der Software darstellt, jedoch steuern diese eine gewisse Haltung beim Kunden. Vage Aussagen werden dadurch vermieden bzw. als solche gekennzeichnet. Es ist klar, dass ein Stakeholder nicht in jeder Sekunde weiß wie der Prozess wirklich ablaufen sollte. Kommt diese Anforderung jedoch als Tatsache in das Anforderungsdokument ist diese Schriftliche festgehalten und wird den oben genannten Regeln entsprechend verarbeitet. Es ist besser ein *Moving Target* als solches festzuhalten als es zu ignorieren. *Moving Targets* werden als hohes Projektrisiko eingestuft und beschreiben Ziele, die sich im laufe des Projekts ständig ändern. Manche dieser Ziele können aber durch entsprechende Algorithmen in den Griff bekommen werden.[36]

Die Stakeholder selbst werden dabei am besten mit Interviews, oder bei verschieden Zielvorstellungen, mit Workshops befragt. Fragebögen dienen hier eher der Quantifizierung von Prozessabläufen und um Ausnahmen zu finden da ein beliebig großer Anteil der Stakeholder einfache Fragen schnell beantworten kann. Durch Interviews und Workshops können zwar nicht von so viele Stakeholdern auf einmal Informationen erlangt werden, jedoch können komplexe Zusammenhänge leichter besprochen werden.[37]

Mit den Zielen und dem Grobkonzept erarbeitet, kann die Sicht auf den zu unterstützenden Prozess erstellt werden. Hierzu eignet sich die unter Abschnitt 2.1 erwähnte BPMN. Die von der Object Management Group[38] erstellte Notation ähnelt dem *Aktivitätsdiagramm* aus der *UML2* sehr. Sie ist daher für Techniker sehr gut geeignet und bleibt für den Fachanwender trotzdem leicht verständlich. Ansätze um direkt aus der *BPMN* in die *Business Process Execution Language* überzuleiten sind ebenfalls vorhanden.[39]

Mit BPMN lassen sich auch Engpässe und Quantifizierungen darstellen. Es macht einen großen Unterschied ob ein Subprozess nur einmal am Tag läuft oder jede Stunde laufen muss. Weiters kann festgelegt werden ob manche Subprozesse nicht ohne IT Unterstützung günstiger wären. Unnötige oder nicht praktikable Vorgänge können im selben Schritt eliminiert werden[40].

Sind das Grobkonzept und die Prozesse modelliert, werden sie von den Fachanwendern bzw. anderen Stakeholdern verifiziert. Das korrekte niederschreiben der Anfor-

---

[36]vgl. SCHARBERT: *Requirements Analysis realisieren*; 2005, S. 45 [18]
[37]vgl. RUPP: *Requirements-Engineering und -Management*; 2007, S. 124ff [17]
[38]Object Management Group: Verwalten auch den UML Standard
[39]vgl. WHITE: *Using BPMN to Model a BPEL Process*; 2007 [22]
[40]vgl. SCHARBERT: *Requirements Analysis realisieren*; 2005, S. 81 [18]

derungen obliegt zwar dem Analytiker, jedoch kann nur der Fachanwender feststellen, ob der beschriebene Prozess der Realität entspricht.

Die verifizierten Prozesse sollten nun priorisiert werden. Dabei kann man Anforderungen in folgende Gruppen eingliedern

muss muss in die erste Version

soll muss in die erste Version, kann aber weg gelassen werden wenn die Stakeholder zu viel bestellt haben und das Budget nicht mehr reicht

kann wenn genügend Ressourcen über bleiben werden diese ebenfalls realisiert

Dies entspricht der Anforderungsschablone in Abbildung 2.4. Diese kann daher auch für diese Zwecke herangezogen werden.

Es ist auch mögliche alle geforderten Features aufzuschreiben und nach dem Schulnotensystem zu bewerten (hier eignet sich auch ein Fragebogen) und danach in diese Kategorien einzuteilen.

Mit diesen Informationen kann eine *Make or Buy* Entscheidung getroffen werden. Davon wird jedoch abgeraten, bis nicht wenigstens die Muss-Kritärien detailliert beschreiben sind und Storyboards dafür erstellt wurden. Viele Produkte scheinen auf den ersten Blick fähig zu sein, die gewünschten Prozesse abzubilden, jedoch stellt sich dies im weiteren Verlauf oft als relativ kompliziert heraus.[41]

Alle bisher zu detailliert formulierten User Stories können nun entweder über eine Namenskonvention oder über Annotations in das BPMN Modell eingearbeitet werden. So können die Abhängigkeiten für den Kunden leicht verständlich dargestellt werden, sowie eine gute Basis für die Softwarearchitekturanalyse geschaffen werden. Neben der Einarbeitung der User Stories in das BPMN Modell beginnt auch die Detailanalyse. Diese sollte sich bis auf die Attribute der Datenebene ausdehnen. Das bedeutet, dass nicht die Adresse einer Person, sondern Straße, Hausnummer und Ort aufgenommen werden muss.

Sind alle Daten spezifiziert wird ein Storyboard erstellt. Dieses zeigt den Ablauf der einzelnen Masken. In diesem Schritt werden oft 30% der Anforderungen erneut umgeworfen.[42] Dies stellt im Allgemeinen kein Problem dar, sollte jedoch bei Terminplänen berücksichtigt werden, da Änderungen alle Schritte von der groben Geschäftsprozessdefinition über die Quantifizierung und der Verifizierung durch den Fachanwender zur Datenanalyse durchlaufen müssen. Somit bleibt die Integrität des Anforderungsdokumentes bewahrt.

---

[41]vgl. SCHARBERT: *Requirements Analysis realisieren*; 2005, S. 81 [18]
[42]vgl. SCHARBERT: *Requirements Analysis realisieren*; 2005, S. 84 [18]

Das Vorgehen in mehreren Schritten deckt sich auch mit dem von Rupp beschriebenen Spezifikationsleveln.[43] Dabei sollte aber immer darauf geachtet werden, dass das verwendete Glossar durch alle Ebenen konsistent bleibt.

Im Detaillierungsschritt können Konflikte auf der IT-Ebene gefunden werden, welche entweder toleriert oder neu aufgearbeitet werden. Solche Konflikte sind zum Beispiel Fehler beim Schreiben mehrerer Einträge in eine Datenbank ohne Transaktion oder wenn eine Abrechnung einmal am Tag für eine Stunde läuft und dabei die Datenbank sperrt. Dies ist ein Fall für die oben genannte Quantifizierung. Einmal in der Nacht stört dieser Vorgang nicht, wird er aber mehrmals am Tag aufgerufen wird das System beeinträchtigt.[44]

Das nunmehr fast fertige Anforderungsdokument wird dem Auftraggeber zur Abnahme vorgelegt. Dieser muss alles verifizieren und absegnen bevor ein Softwareentwickler das Dokument ein weiteres mal bezüglich der Abnahmekriterien und Datenspezifikation prüft. Sind alle Stakeholder (dies inkludiert auch die Entwickler) zufrieden, ist der Job des Analytikers vorbei. Jedoch wird geraten, dass der Analytiker das Projekt während der Entwicklung weiter betreut und den Kunden weiterhin in den Entwicklungsprozess einzubinden.[45]

Der Prozess der Anforderungsanalyse kann man somit vereinfacht wie in Abbildung 2.6 darstellen.

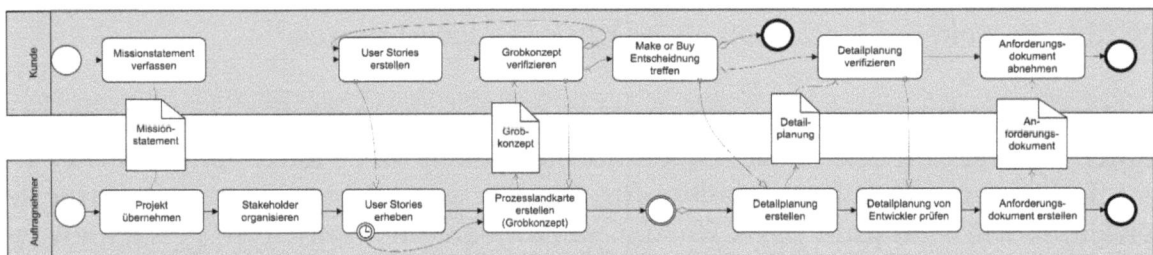

Abbildung 2.6: Analyseprozess

Über den Aufbau des Dokumentes wird hier keine Aussage getroffen. Jedes der bekannten Schema, ob nun nach IEEE[46], Volere[47] oder das V-Modell XT hat seine Vor- und Nachteile. Näher auf die Struktur und genauen Inhalte dieser Schema einzugehen, würde für den Umfang dieser Arbeit sprengen. Eine gute Übersicht kann jedoch bei Rupp nachgelesen werden.[48] Wichtig ist das Vorhandensein eines *Glossars* an das sich alle Stakeholder halten.

---

[43]vgl. RUPP: *Requirements-Engineering und -Management*; 2007, S. 424 [17]

[44]vgl. SCHARBERT: *Requirements Analysis realisieren*; 2005, S. 87 [18]

[45]vgl. SCHARBERT: *Requirements Analysis realisieren*; 2005, S. 4f [18]

[46]vgl. IEEE: *IEEE 830*; 1998 [11]

[47]vgl. ROBERTSON UND ROBERTSON: *Volere Requirements Specification Template*; 2006 [14]

[48]vgl. RUPP: *Requirements-Engineering und -Management*; 2007, S. 386ff [17]

2.3 Projektportfoliomanagement

Der Trend zur IT in der Wirtschaft bleibt. Immer mehr Softwareaufträge werden durch *Projekte* realisiert. Was bei Projekten beachtet werden muss findet sich vereinzelten in Abschnitt 2.2. Es gibr bereits sehr viele Produkte die dabei helfen, *ein Projekt richtig zu realisieren*. Durch eben diese Projektvielfalt, ergibt sich das Problem *die richtigen Projekte zu realisieren*.[49] Dieser Abschnitt führt in das Thema Projektportfoliomanagement (PPM) ein.

Portfoliomanagement geht auf *Harry Markowitz* zurück, der in den späten 50ern den Nobelpreis für die *Moderne Portfoliotheorie* (MPT) erhielt. Mit spezifischen mathematischen Gleichungen wurde der Nutzen den Risiken gegenübergestellt um daraus Entscheidungen zu treffen. Das Thema Portfoliomanagement ist recht weitschweifend. Man erhält oft zehn Antworten, wenn man sieben CIOs nach diesem Begriff befragt.[50]

2.3.1 Definition

Für das Verständnis und im Sinne der Nameskonventionen im *Requirements Enginee-ring*, folgt hier eine Begriffsdefinition:

Projekt Ein Projekt ist ein einmaliges Vorhaben in einem gewissen Zeitrahmen.

Projektmanagement Der Prozess des Verwalten eines Projektes von Beginn bis zur Fertigstellung.[51]

Programmmanagement Verwalten von Projekten, die entweder die selben Ziele oder den selben Kunden haben[52]

Projektportfoliomanagement Die systematische Fähigkeit einer Organisation, Projekte nach verschiedenen Kennzahlen sowie den strategischen Zielen zu überwachen und zu kontrollieren[53]

Projektportfoliomanagement dient hier eher dem Überblick über alle im Unternehmen befindlichen Projekte bezüglich deren Investitionen sowie Rendite. Zusätzlich können Projekte der Unternehmensstrategie ausgewählt werden.

---

[49]vgl. CALDERINI U. A.: *The Impact of Project Portfolio Management on Information Technology Projects*; 2005 [7]

[50]vgl. BERINATO: *Using Project Portfolio Management to Demonstrate IT Value*; 2001 [5]

[51]vgl. DEKKER LTD.: *Project Management Knowledge Center: PM Dictionary*; 2007 [8]

[52]vgl. CALDERINI U. A.: *The Impact of Project Portfolio Management on Information Technology Projects*; 2005 [7]

[53]vgl. DEKKER LTD.: *Project Management Knowledge Center: PM Dictionary*; 2007 [8]

Vergleicht man Projektmanagement und Projektportfoliomanagement, geht es beim Ersten um *Effizienz* wohingegen PPM auf *Effektivität* baut.

Nach Cabanis-Brewin gibt es drei gute Gründe, PPM einzusetzen:[54]

Realismus im Planungsprozess Über 80% der strategischen Unternehmungsziele werden nie erfüllt. Das liegt an fantasievollen Initiativen und unrealistischen Zielen und Terminvorgaben der unter Druck gesetzten Projektleitern. PPM gleicht die zur Verfügung stehenden Ressourcen mit den Unternehmenszielen ab. Dabei ist es egal, ob das Portfolio nur aus IT Projekten besteht oder nicht.

Rationalität bei der Ressourcenplanung Mit einem Projektbestand, müssen die Ressourcen aufgebracht und verplant werden. Auch zukünftige Projekte sollten bereits in das mögliche Portfolio eingearbeitet werden. Hier ist es auch wichtig genügend fähige Projektleiter als Ressource bereitstellen zu können.

Transparenz von Projektarbeit und Projektmitarbeitern Zusätzlich zu den projektspezifischen Ressourcen, werden die Ressourcen aller Projekte bekannt. Sind keine Ressourcen für Projekte vorhanden, kann auch ein Portfolio verwaltet werden.

2.3.2 Voraussetzungen

Um PPM überhaupt betreiben zu können, führt Cabanis-Brewin zusätzlich folgende Voraussetzungen an:[55]

- Das Unternehmen weiß, wie man Projekte leitet. Ohne fähige Projektleiter kann keine Aussage über gewisse Kennzahlen gemacht werden. Somit sind Zeit- und Kostenabschätzungen reine Phantasieübungen.

- Informationen über jedes Projekt sind im Portfolio verfügbar und können miteinander verknüpft werden. Hierzu ist eine Softwareunterstützung von großem Vorteil. Daten über Dauer, Kosten, ROI und dem aktuellen Status können so schnell Projektübergreifend verteilt werden, was Projektmanagement für das Unternehmen nicht als Mysterium, sondern als Nutzen bringende Notwendigkeit darstellt.

- Es gibt entsprechende, Abteilungsübergreifende Verantwortliche. Innerhalb von Abteilungen wird wahrscheinlich eine vereinfachte Form des PPM betreiben, jedoch wird sich dies fachübergreifend als schwierig herausstellen.

---

[54]vgl. CABANIS-BREWIN: *Project Portfolio Management is Your Friend*; 2003 [6]
[55]vgl. CABANIS-BREWIN: *Project Portfolio Management is Your Friend*; 2003 [6]

Die zuvor angesprochenen Kennzahlen fassen Calderini u. a., im Zuge einer Umfrage bezüglich der *Maturity Levels*, folgend zusammen:[56]

- Zentrale Sicht
- Finanzielle Analyse
- Risikoanalyse
- Wechselwirkungen
- Behinderungen auf Portfoliolevel
- Gesamtanalyse
- Katgorisierung, Selektion, Haftung und Steuerung
- Optimierung
- Spezialisierte Software

Die dadurch entstehende Informationsflut wird in großen Unternehmen oft durch eine eigene Abteilung, dem *Project Management Office* (PMO), verwaltet. Diese Abteilung kümmert sich auch oft um die Aus- und Weiterbildung der Projektleiter.
Sind diese Voraussetzungen geschaffen, hat man bereits *Level 1* der PPM *Maturity* erreicht.

2.3.3 Maturity Levels

Hier werden die *Maturity Levels* beschreiben, die ein Unternehmen durchläuft, während es PPM einführt:[57]

Level 1 Durch die Projektinventarschaffung können Redundanzen gefunden werden. Dafür müssen Name, Beschreibung, Kosten-, Zeit-, Personal- und Riskioabschätzungen erfasst werden.

Level 2 Durch den Kennzahlenvergleich lässt sich somit eine *Karte* erstellen mit deren Hilfe Projekte anhand der Unternehmensstrategie priorisiert werden kann.

Level 3 Projekte in Gruppen einteilen. So sollte das verfügbare Budget besser auf *Utilities* (kleiner Nutzen, kleines Risiko), *Incrementeal Upgrades* und *strategische Investitionen* aufgeteilt werden.

Level 4 Automatisieren der Projektinventaraktualisierung. Nachdem ein Projekt im Portfolio eingepflegt wurde, müssen die Daten immer wieder angegriffen und aktualisiert werden. Entscheidungen werden dabei nicht automatisiert.

Level 5 Anwenden der *Modernen Portfolio Theorie* von *Markowitz*. Dies stellt sich als nobles Endziel heraus.

---

[56]vgl. CALDERINI U. A.: *The Impact of Project Portfolio Management on Information Technology Projects*; 2005 [7]

[57]vgl. BERINATO: *Using Project Portfolio Management to Demonstrate IT Value*; 2001 [5]

3 Anforderungsanalyse für ein PPM-System

„Computers don't make mistakes. What they do, they do on purpose."

— Dale Gribble (King of the Hill)

Die Anforderungsanlayse beginnt mit der *Idee*. Die Aufgabenstellung sieht ein *Projektportfoliomanagementsystem* vor. Nachdem dieser Begriff sehr weit ausgelegt werden kann (siehe Abschnitt 2.3.3) wird zuerst in diese Richtung für das Erstellen des *Missionstatement* recherchiert.

In den folgenden Besprechungen wird dieses Statement verfasst und die ersten Stakeholder festgehalten. Da bereits Wissen um Projektportfoliomanagement vorhanden ist, kann leichter über Erfolg und Misserfolg gesprochen werden. Alle Termini die für das Projekt wichtig erscheinen oder im Laufe der Gespräche mit dem Auftraggeber erstellt oder verwendet werden, werden dabei sofort in ein Glossar übernommen.[58] Im Laufe der Gespräche kristallisiert sich der Wunsch nach einem Maturity Level 1 PPM System heraus. Das dazugehörige *Missionstatement* kann wie folgt lauten:

Erstellen eines Level 1 Projektportfoliomanagementsystems als Standalone Webapplikation. Das Projekt wird dabei als erfolgreich abgeschlossen angesehen, wenn Projekte mit Kennzahlen eingereicht, bewilligt, abgewiesen und deren Daten manuell gepflegt werden können. Des weiteren sollen Auswertungen über aktuell laufende und beantragte Projekte vom System bereitgestellt werden. Exporte und Schnittstellen für staatliche Anfragen müssen bereit gestellt werden.

Mit dem grundlegenden Verständnis für die Leistungen die das System bringt, können die Stakeholder definiert werden. Somit sind alle Studiengangsleiter, Sekretären sowie Fachbereichskoordinatoren potentielle Anwender für dieses System und müssen daher mit Namen, Fachgebiet, Position und Kontaktdaten tabellarisch festgehalten werden.

---

[58]In diesem Fall entspricht das Glossar den Ausführungen in Kapitel 2, da es alle wichtigen Informationen über Requirements Engineering und Projektportfoliomanagement wie es für dieses Projekt benötigt wird, beinhaltet

Da es sich um ein neues System handelt, werden nun alle Stakeholder mit dem Missionstatement und zusätzlichen Informationen über Projektportfoliomanagement konfrontiert und weitere Sitzungen werden vereinbart um Wünsche und Vorstellungen an das System zu erfassen. Diese Userstories (siehe Tabelle 3.1) werden gesammelt und für die Prozessmodellierung ausgewertet.

Aufnahmedaten	
Name (ID)	LOI Erstellung (#12)
Datum	2007-12-18
Personen	Grünwald, Herzog
User Story	
Akteure	Projektpartner, Projektleiter, ITM Studiengangsleitung
Vorbedingungen	Alle Projektpartner bekannt, LOI gewünscht
Nachbedingungen	LOI bei Studiengang ITM archiviert
Priorität	Soll
Beschreibung	Der Letter of Interest bildet die langfristige Willensbekundung zwischen den Projektpartnern für eine Zusammenarbeit. Der LOI wird zwar unterschreiben und gibt die Richtung (z.B. Projekt im Bereich Prozessmanagement oder Usability) vor, liefert aber keine rechtliche Bindung und ist daher nicht zwingend für den Projektauftrag nötig. Jedoch kann man versuchen aus dem LOI Projekte abzuleiten. Wird ein LOI gewünscht wird er aus einer Vorlage des Studienganges oder Projektpartners durch den Projektleiter erstellt, von der Studiengangsleitung in Kooperation mit den Projektpartner korrigiert, fertiggestellt und unterschrieben. Danach wird das Dokument durch den Projektleiter im Studiengang archiviert.

Tabelle 3.1: Userstory

Das erstellte Grobkonzept muss von allen Stakeholdern verifiziert werden. Benötigte Funktionalität wird von den Endanwendern sofort reklamiert wobei zusätzliche Features meist nur von einzelnen Personen gefordert werden.
Wie erwähnt bietet die BPMN hier eine einfach nachzuvollziehende Veranschaulichung der zu unterstützenden Prozesse. Das durch die verantwortlichen Stakeholder verifizierte Prozessmodell entspricht Abbildung 3.1.

Die genauere Erhebung der Anforderungen wird an dieser Stelle abgebrochen da das intermediate Event der Make or Buy Entscheidung abgewartet wird. Nun müssen die

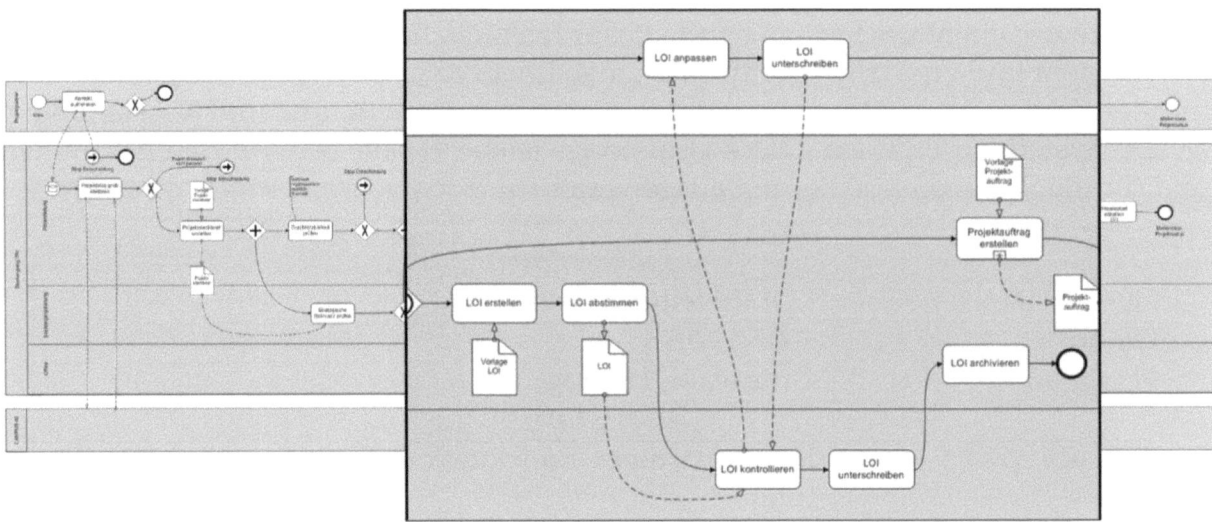

Abbildung 3.1: Projektsetup am Studiengang ITM

genauen Feldbezeichnungen, Kennzahlenerfassungen, Maskendetails und Zugriffs-
rechte diskutiert werden. Für Feldbezeichnungen und Kennzahlen eignet sich die
Anführung als Tabelle. Maskendetails werden als Storyboard erfasst und Zugriffs-
rechte über im Glossar definierte Rollen und der Anforderungsschablone notiert.

Somit ergibt sich nach der Detailanalyse und der Verifizierung durch Entwickler und
Auftraggeber eine bereits gut durchdachte Arbeitsunterlage für die weitere Entwicklung. Der zusätzliche Nutzen liegt darin, den Stakeholdern das Projekt bereits etwas
vor Augen geführt zu haben und die Akzeptanz aufgrund der Zusammenarbeit ver-
bessert zu haben.

4 Schlussfolgerungen

„Die einen, so scheint mir, haben viele Werkzeuge und wenig Ideen; die anderen haben viele Ideen und gar keine Werkzeuge. Das Interesse der Wahrheit würde verlangen, daß die Denkenden sich endlich dazu herbeilassen, sich mit den Schaffenden zu verbünden."

— Denis Diderot

Die theoretischen Grundlagen wurden im vorigen Kapitel bis zu einem gewissen Grad anhand eines Projektportfoliomanagementsystems angewandt. Dabei zeigt sich, dass es für die korrekte Abwicklung des Requirements Engineering Prozesses wichtig ist, dem Kunden die Vorteile des *Frontloading* aufzuzeigen. Dafür reicht oft schon die Übersicht der Kostenverursachung aus Abbildung 2.2. Kunden drängen immer auf einen Prototypen um sich das System vorstellen zu können. Die Erstellung eines funktionsfähigen Testsystems oder einer Machbarkeitsstudie sollte dabei unabhängig vom eigentlichen System erstellt werden.

Die meisten Fachanwender können sich nichts unter einem neuen System vorstellen und sind es daher auch nicht gewohnt über etwas nicht vorhandenes zu sprechen. Oft reicht auch ein Storyboard für gewisse Abläufe nur damit der Fachanwender beruhigt ist und sich auf die eigentlich wichtigen Dinge des Requirements Engineering konzentrieren zu können, nämlich möglichst genau und lückenlos die zu unterstützenden Prozesse zu beschreiben. Sicherlich ist die grafische Unterstützung mit Hilfe von Masken ein wichtiger Teil der Analyse und sollte daher auch nicht vernachlässigt werden. Gewissermaßen ist jedes Mittel recht, Informationen vom Kunden zu erlangen. Meetings und Interviews sind unvermeidlich um das System für den Endanwender möglichst praktikabel umzusetzen.

Dank dem Projektportfoliomanagement werden die, der Strategie des Unternehmens kompatiblen Projekte ausgewählt und mit Hilfe eines Projektleiters umgesetzt. Verzögert sich das Projekt, wird der Schuldige meist in diesen Reihen gesucht. Irreführende Managemententscheidungen, keine Vorgaben, unerreichbare Ziele sind die am öftesten genannten Probleme bei Verzug.

Dass der Projektleiter dabei auf die Informationen seines Teams zurückgreifen muss, wird meistens vergessen. Dabei kann man den Leitern eigentlich nur zwei Dinge vorwerfen. Erstes ist das Zeitmanagement ohne sich mit den Entwicklern und Analytikern abzusprechen was auch gleich zum zweiten Problem führt. Es gibt keine Analytiker. Stellenausschreibungen in der Softwareindustrie beziehen sich entweder auf Projektleiter oder Softwareentwickler. Mit einer Suche auf http://www.xing.at/ marketplace oder http://www.monster.at nach Analytiker erhält man kaum mehr als zehn Ausschreibungen im Bereich Softwareentwicklung. Dies bedeutet entweder, dass jedes Unternehmen bereits ein ausgezeichnetes Analytikerteam aufweisen kann, oder dass einfach Entwickler und Softwaredesigner für diese Zwecke herangezogen werden. Das Problem das dabei entsteht ist die Sprachverwirrung die in Tabelle 2.1 angemerkt ist. Techniker sind nicht umbedingt geeignet eine Anforderungsanalyse durchzuführen. Das bedeutet nicht, dass Projektleiter oder Verkäufer dazu geeignet sind. Bei Verkaufsgesprächen empfiehlt es sich daher auch immer technisch versierte Mitarbeiter am Tisch zu haben.

Schwierig ist der Brückenschlag zwischen den Fachanwender und den Technikern zu schaffen. Anforderungen müssen dabei so erfasst werden, dass beide Gruppen das Selbe darunter verstehen. Daher ist es wichtig ein gemeinsames Glossar zu verwenden. Das Erstellen eines solchen Glossars kann bei einer Systemablöse längere Zeit in Anspruch nehmen, da das verwendete Vokabular des Fachanwenders womöglich nicht mit dem des Handbuches oder der Dokumentation übereinstimmt.

Um eine gemeinsame Diskussionsbasis zu schaffen ist im ersten Schritt der Griff zur BPMN naheliegend. Es ist einfach zu lesen wie ein Flow-Chart, trägt für den Entwickler aber mehr Informationen. Detailliertere Informationen müssen ohnehin in Tabellen, Prosa oder Use Cases festgehalten werden. Außerdem geht auch bei einer Use Case Übersicht über das gesamte System der Überblick über die Abläufe verloren. Jedoch ließen sich Use Case Diagramme und BPMN Diagramme über Annotations oder Namenskonventionen möglicherweise gut verknüpfen.

In wie weit ein standardisiertes Modell mit Erfahrungswerten für Zeit, Komplexität und Kosten auf einzelne BPMN Diagramme angewandt werden kann um eine möglichst genaue Aufwandsabschätzung bereits nach dem Grobkonzeptverifikationsschritt des Analyseprozesses ist eine Fragestellung die genauer erörtert werden sollte.

Fest steht, die Anforderungsanalyse und das weiterführende Requirements Engineering ist ein wesentlicher Bestandteil eines erfolgreichen Projektabschlusses. Einerseits um einen realistischen Termin- und Kostenplan zu erstellen, andererseits um dem Endanwender ein möglichst hilfreiches Produkt zur Verfügung zu stellen. Die Software wird für den Anwender erstellt, darum sollte er auch möglichst viel dazu Beitragen, dies so gut wie möglich durchzuführen.

Abbildungsverzeichnis

Tabellenverzeichnis

Literaturverzeichnis

[1] Balanced Scorecard Institute. *Definitions of Terms.* 2007. Online im Internet: URL: http : / / www . balancedscorecard . org / basics / definitions.html [Stand: 27. 11. 2007].

[2] Bergsmann, Johannes DI. „Requirements-Engineering". In: *Quality Newsletter* 1 (Aug. 2003). Online im Internet: URL: http : / / www . software-quality-lab . at / StaticWeb / Download / SWQL-Newsletter-200308.pdf [Stand: 20. 11. 2007].

[3] Bergsmann, Johannes DI. „Vorgehensmodelle". In: *Quality Newsletter* 2003/2 (Nov. 2003). Online im Internet: URL: http : / / www . software-quality-lab . at / StaticWeb / Download / SWQL-Newsletter-200311.pdf [Stand: 20. 11. 2007].

[4] Bergsmann, Johannes. *Requirements Engineering: Die Wiege des Projekt-(Miss)-Erfolges.* 2003. Online im Internet: URL: http : / / www . software-quality-lab . at / StaticWeb / Download / Infotag % 2020030423 % 20- % 20Vortrag % 205 % 20- % 20Requirements % 20Engineering.pdf [Stand: 28. 11. 2007].

[5] Berinato, Scott. *Using Project Portfolio Management to Demonstrate IT Value.* 2001. Online im Internet: URL: http : / / www . cio . com / article / 30560 / Using_Project_Portfolio_Management_to_Demonstrate_ IT_Value [Stand: 20. 10. 2007].

[6] Cabanis-Brewin, Jeannette. *Project Portfolio Management is Your Friend.* 2003. Online im Internet: URL: http : / / www . developer . com / mgmt / article . php / 3099031 [Stand: 20. 12. 2007].

[7] Calderini, Sergio Ricardo, u. a. *The Impact of Project Portfolio Management on Information Technology Projects.* Ashridge Business School UK. 2005. Online im Internet: URL: http : / / www . ashridge . org . uk / Website / IC . nsf / wFARATT / The % 20Impact % 20of % 20Project % 20Portfolio % 20Management % 20on % 20Information % 20Technology % 20Projects / $File/ProjectPortfolio.pdf [Stand: 15. 10. 2007].

[8] Dekker Ltd. *Project Management Knowledge Center: PM Dictionary.* 2007. Online im Internet: URL: http : / / www . dekkerltd . com / glossary . aspx [Stand: 20. 11. 2007].

[9] Duden. *DUDEN: Deutsches Universalwörterbuch.* 2. Aufl. Mannheim; Wien; Zürich: Dudenverlag, 1989.

[10] Haberfellner, Reinhard, u. a. *Systems Engineering: Methodik und Praxis*. 7. Aufl. Verlag Industrielle Organisation Zürich, 1992.

[11] IEEE. *IEEE Std 830-1998, IEEE Recommended Practice for Software Requirements Specifications*. 1998.

[12] Institute for Total Quality Management. *ITQM-Glossar*. 2007. Online im Internet: URL: `http://www.itqm.ch/index.php?sector=05&pg=38&language=de` [Stand: 27. 11. 2007].

[13] Object Management Group. *Business Process Modeling Notation Specification*. Final Adopted Specification dtc/06-02-01. Feb. 2006. Online im Internet: URL: `http://www.omg.org/cgi-bin/apps/doc?dtc/06-02-01.pdf` [Stand: 08. 12. 2007].

[14] Robertson, Suzanne, und James Robertson. *Volere Requirements Specification Template*. Feb. 2006. Online im Internet: URL: `http://www.volere.co.uk/template.htm` [Stand: 19. 12. 2007].

[15] Rubinstein, David. „Standish Group Report: There's Less Development Chaos Today". In: *SD Times* (März 2007). Online im Internet: URL: `http://www.sdtimes.com/article/story-20070301-01.html` [Stand: 27. 11. 2007].

[16] Rumpe, Bernhard. *Extreme Programming-Back to Basics?* 2001. Online im Internet: URL: `http://wwwbroy.informatik.tu-muenchen.de/~rumpe/papers/Rum01/Rum01.html` [Stand: 28. 11. 2007].

[17] Rupp, Chris. *Requirements-Engineering und -Management. Professionelle, iterative Anforderungsanalyse für die Praxis*. 4. Aufl. Hanser Fachbuchverlag, 2007. ISBN 3446405097.

[18] Scharbert, Karl. *Requirements Analysis realisieren*. 1. Aufl. Vieweg-Verlag, 2005.

[19] The Standish Group International, Inc. *The CHAOS Report 1994*. 1994. Online im Internet: URL: `http://www.standishgroup.com/sample_research/chaos_1994_1.php` [Stand: 30. 11. 2007].

[20] The Standish Group International, Inc. *The CHAOS Report 2006*. unpublished. Online im Internet: URL: `http://www.standishgroup.com/` [Stand: 30. 11. 2007].

[21] Wells, Don. *XP Flow chart*. 2000. Online im Internet: URL: `http://www.extremeprogramming.org/map/project.html` [Stand: 20. 11. 2007].

[22] White, Stephen A. *Using BPMN to Model a BPEL Process*. 2007. Online im Internet: URL: `http://www.bpmn.org/Documents/Mapping%20BPMN%20to%20BPEL%20Example.pdf` [Stand: 20. 12. 2007].

Index

„Stress is your body's way of saying you haven't worked enough unpaid overtime." —
(Dilbert, 1998)